Carl Philipp Emanuel

BACH

SIX SONATAS

FOR PIANO

K 09920

CONTENTS

SONATA

C. Ph. Em. Bach.

Allegro assai.

1.

Andantino grazioso.

SONATA

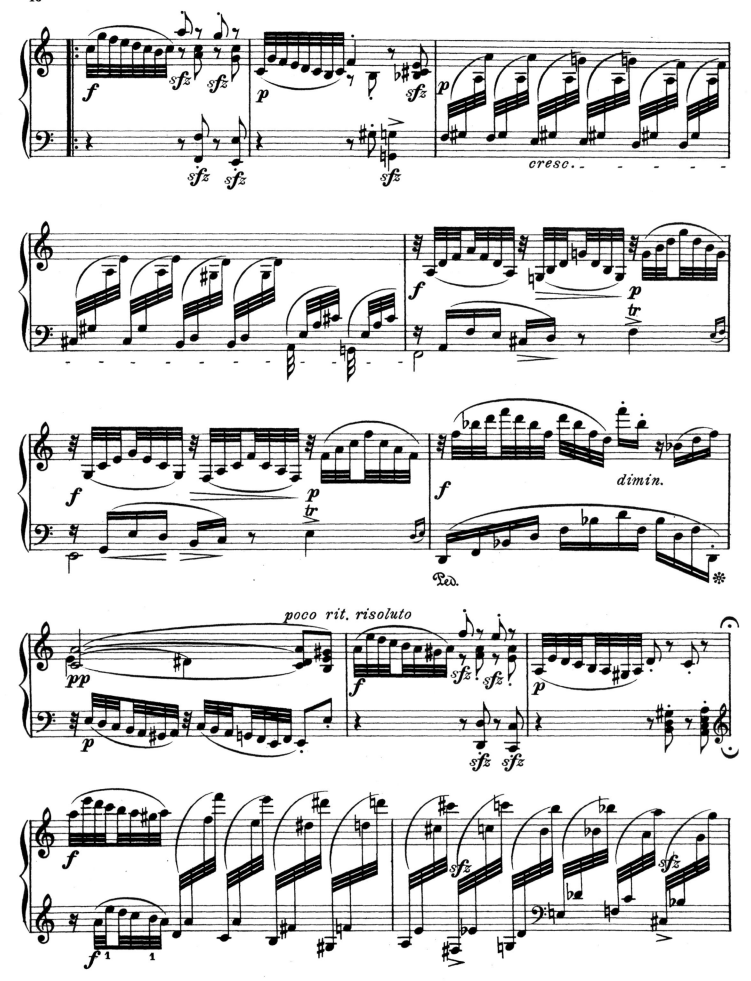

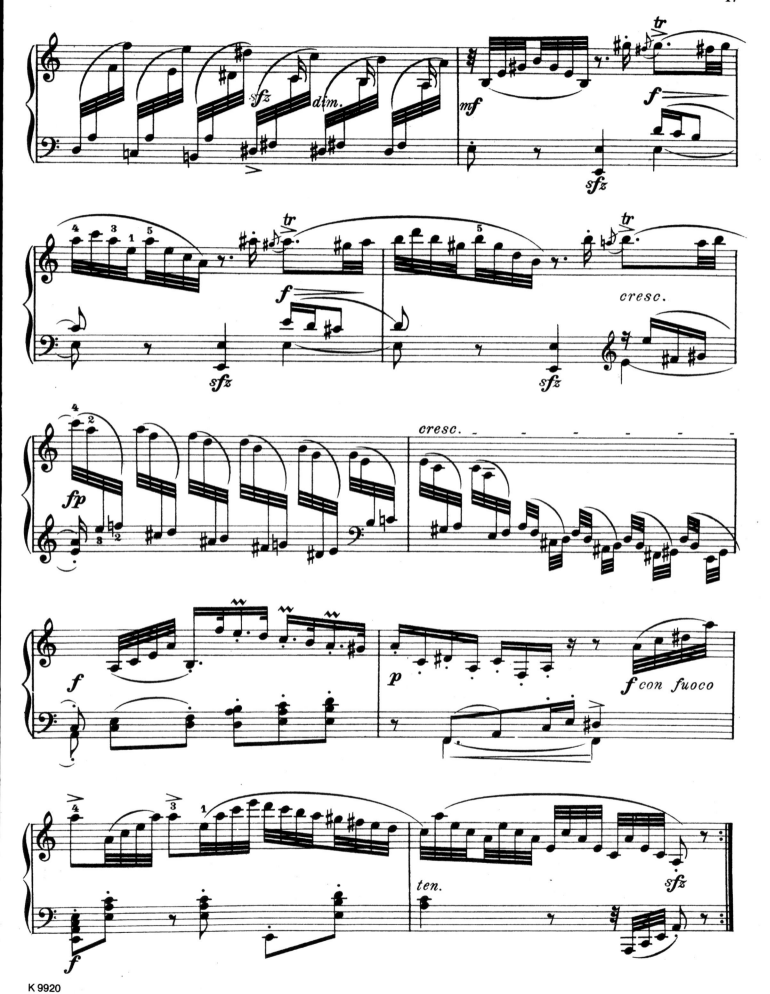

Andante espressivo.

Allegro molto.

SONATA

Allegro con brio.

3.

Poco Adagio.

Allegro vivace.

SONATA

Quasi Fantasia.

Andante con moto.

Allegro di molto.

SONATA

Cantabile e mesto.

SONATA

Un poco Allegro.

6.

Adagio ma non troppo.